Impressum
Verlag: BABADADA GmbH, Nedderfeld 112 , 22529 Hamburg
Geschäftsführer / Verlagsleitung: Harald Hof
Druck: Books on Demand GmbH, In de Tarpen 42, 22848 Norderstedt

Imprint
Publisher: BABADADA GmbH, Nedderfeld 112 , 22529 Hamburg, Germany
Managing Director / Publishing direction: Harald Hof
Print: Books on Demand GmbH, In de Tarpen 42, 22848 Norderstedt, Germany

AF221725

škola

de School

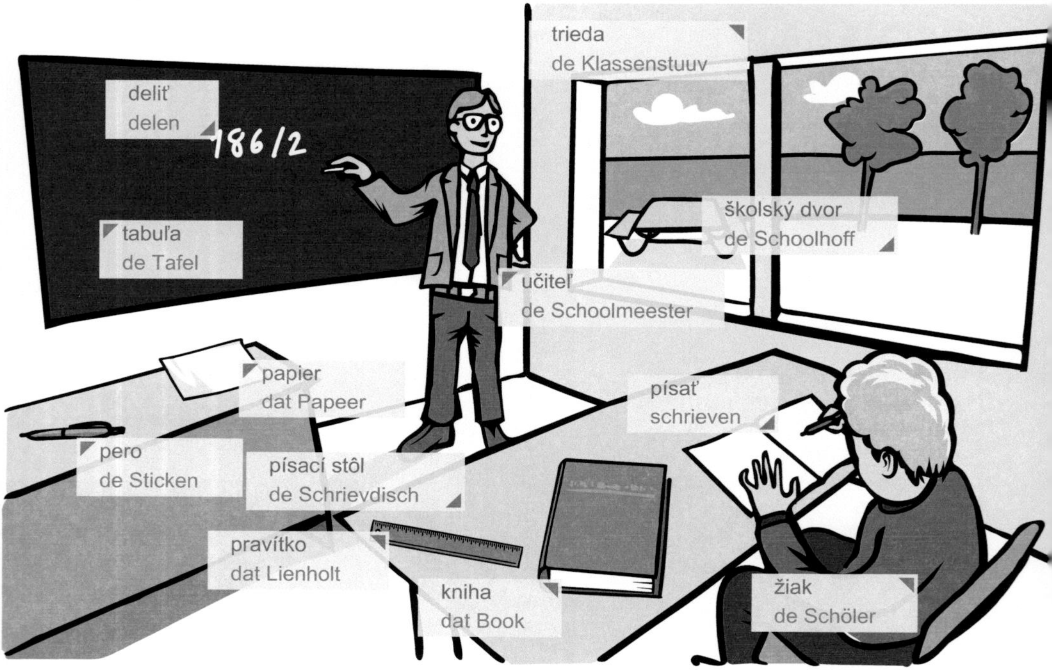
trieda
de Klassenstuuv
deliť
delen
186/2
tabuľa
de Tafel
školský dvor
de Schoolhoff
učiteľ
de Schoolmeester
papier
dat Papeer
písať
schrieven
pero
de Sticken
písací stôl
de Schrievdisch
pravítko
dat Lienholt
kniha
dat Book
žiak
de Schöler

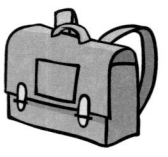

školská taška

de Ranzel

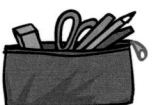

peračník

de Feddermapp

ceruza

de Bleesticken

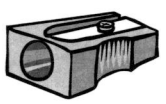

strúhadlo na ceruzky

de Scharpmaker

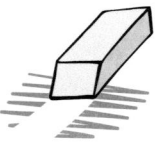

guma

dat Radeergummi

skicár

de Tekenblock

kresba

de Teken

štetec

de Pinsel

vodové farby

de Malkassen

nožnice

de Scheer

lepidlo

de Klever

cvičný zošit

dat Heft to'n Öven

domáca úloha

de Huusopgaav

číslo

de Tall

sčítať

tohooptellen

odčítať

aftrecken

násobiť

malnehmen

počítať

reken

písmeno

de Bookstaav

abeceda

dat ABC

hello

slovo

dat Woort

text
de Text

čítať
lesen

krieda
de Kried

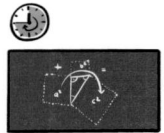

hodina
de Stunn

triedna kniha
dat Klassenbook

skúška
de Pröven

certifikát
dat Tüügnis

školská uniforma
de Schooluniform

vzdelanie
de Utbillen

encyklopédia
dat Nakieksel

univerzita
de Universität

mikroskop
dat Mikroskop

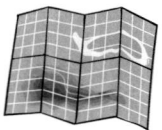

mapa
de Koort

kôš na papier
de Papeerkorf

cesta
de Törn

hotel
dat Hotel
Grand
nocľaháreň
de Harbarg
ROOMS
zmenáreň
de Wesselstuuv
CHANGE
kufor
de Kuffer
auto
dat Auto

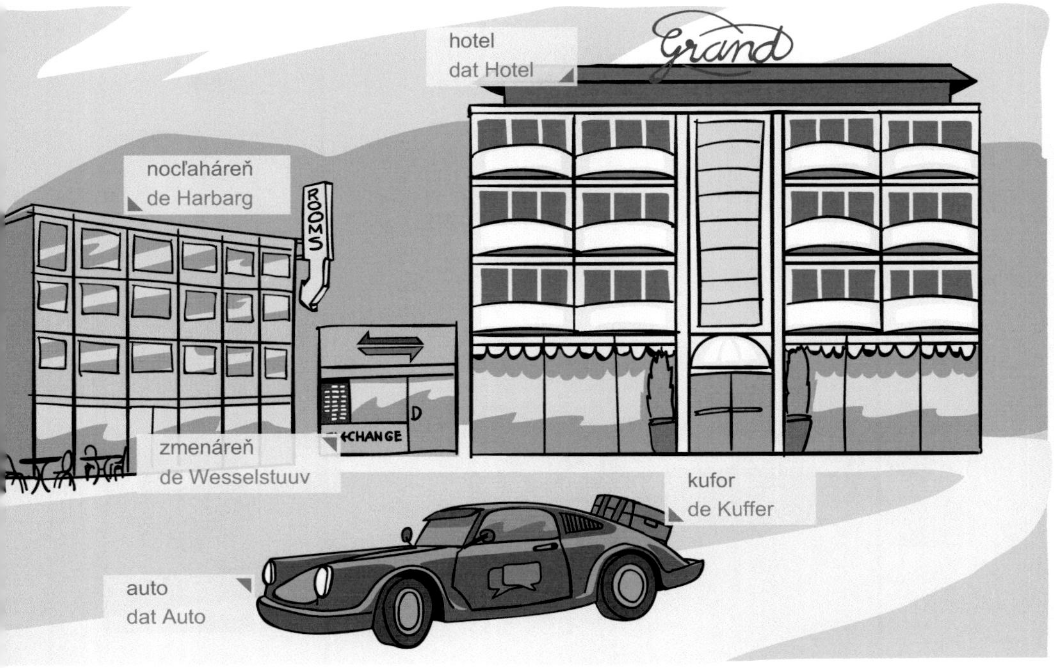

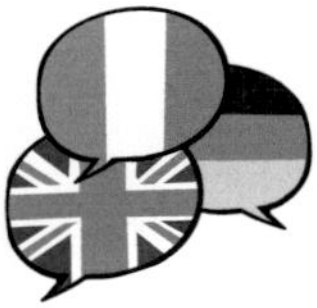

jazyk

de Spraak

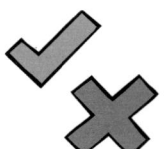

áno/nie

jo / ne

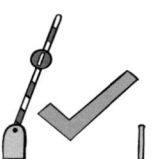

v poriadku

Jo

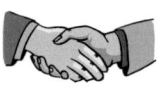

ahoj

Moin

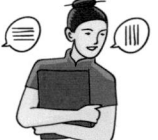

prekladateľ

de Översetter

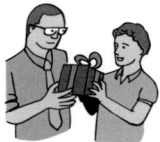

ďakujem

Dank ok

Koľko stojí ... ?

Wat kost…?

Nerozumiem

Ik verstah nich

problém

dat Problem

Dobrý večer!

Goden Avend

Dobré ráno!

Moin!

Dobrú noc!

Gode Nacht!

Dovidenia

Tschüüs

smer

de Richt

batožina

de Bagaasch

taška

de Tasch

batoh

de Rüchsack

hosť

de Gast

izba

de Stuuv

spacák

de Slaapsack

stan

dat Telt

informácie pre turistov

e Touristeninformatschoon

pláž

de Strand

kreditná karta

de Kreditkoort

raňajky

dat Fröhstück

obed

dat Meddageten

večera

dat Avendeten

cestovný lístok

de Fohrkort

výťah

de Fohrstohl

poštová známka

de Breefmark

hranica

de Grenz

clo

de Toll

veľvyslanectvo

de Bottschop

vízum

dat Visum

cestovný pas

de Pass

doprava
de Transport

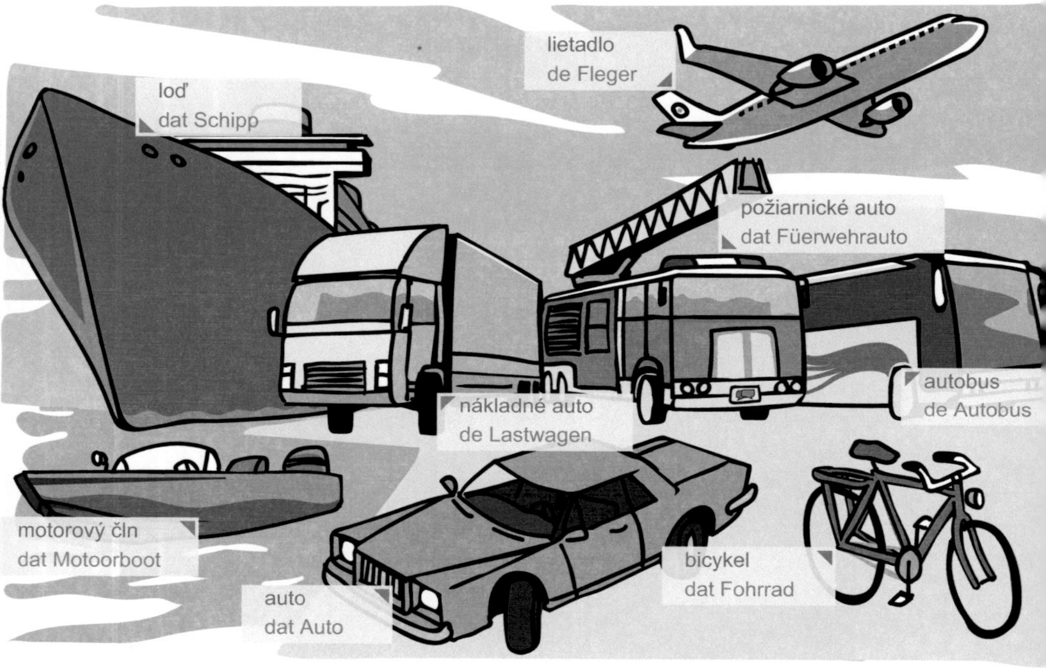

lietadlo
de Fleger

loď
dat Schipp

požiarnické auto
dat Füerwehrauto

autobus
de Autobus

nákladné auto
de Lastwagen

motorový čln
dat Motoorboot

bicykel
dat Fohrrad

auto
dat Auto

trajekt
....
de Fähr

loď
....
dat Boot

motorka
....
dat Motoorrad

policajné auto
....
dat Polizeiauto

pretekárske auto
....
dat Rönnauto

vozidlo z požičovne
....
de Lehnwagen

carsharing

dat Carsharing

odťahové auto

de Afsleepwagen

smetiarske auto

dat Müllauto

motor

de Motoor

benzín

de Kraftstoff

čerpacia stanica

de Tanksteed

dopravná značka

dat Verkehrsschild

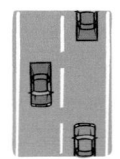

premávka

de Verkehr

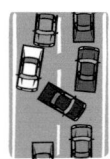

zápcha

de Stau

parkovisko

de Afstellplatz

vlaková stanica

de Bahnhoff

trate

de Sporen

vlak

de Tog

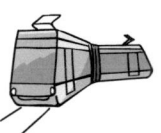

električka

de Stratenbahn

vagón

de Wagon

helikoptéra

de Dwarsmöhl

letisko

de Flooghaven

veža

de Tower

pasažier

de Fohrgast

kontajner

de Grootkist

kartón

de Karton

vozík

de Koor

kôš

de Korf

štartovať / pristáť

starten / lannen

mesto
de Stadt

dedina

dat Dörp

centrum mesta

de Binnenstadt

dom

dat Huus

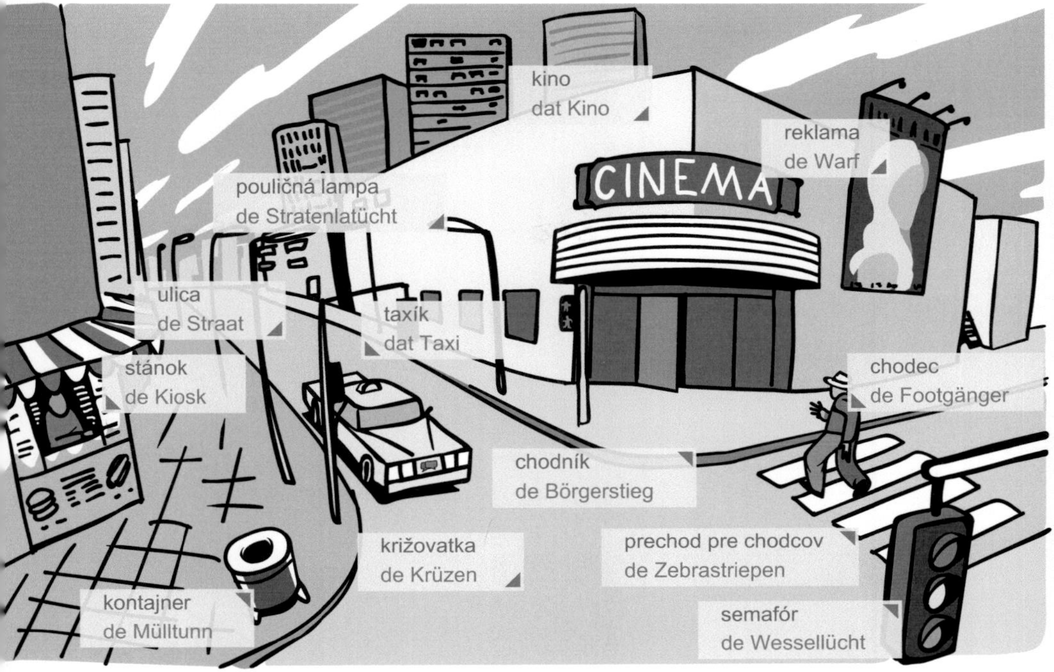

CINEMA
kino
dat Kino
reklama
de Warf
pouličná lampa
de Stratenlatücht
ulica
de Straat
taxík
dat Taxi
stánok
de Kiosk
chodec
de Footgänger
chodník
de Börgerstieg
križovatka
de Krüzen
prechod pre chodcov
de Zebrastriepen
kontajner
de Mülltunn
semafór
de Wessellücht

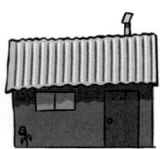

chata

de Hütt

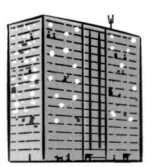

byt

de Wahnung

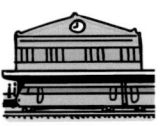

vlaková stanica

de Bahnhoff

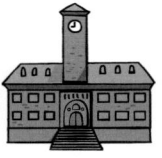

radnica

dat Raathuus

MUSEUM

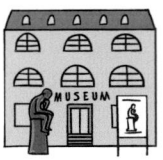

múzeum

dat Museum

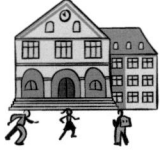

škola

de School

univerzita

de Universität

banka

de Bank

nemocnica

dat Krankenhuus

hotel

dat Hotel

lekáreň

de Afteek

kancelária

dat Büro

kníhkupectvo

de Bookhökerie

obchod

de Hökerie

kvetinárstvo

de Blomenhökerie

supermarket

de Supermarkt

trh

de Markt

obchodný dom

dat Koophuus

obchodník s rybami

de Fischhökerie

nákupné stredisko

dat Inkoopszentrum

prístav

de Haven

park

de Parkanlaag

lavička

de Bank

most

de Brüch

schody

de Trepp

metro

de Ünnergrundbahn

tunel

de Tunnel

autobusová zastávka

de Busstoppsteed

bar

de Bar

reštaurácia

dat Spieslokal

poštová schránka

de Breefkassen

tabuľa s názvom ulice

dat Stratenschild

parkovacie hodiny

de Parkklock

ZOO

de Deertenpark

plaváreň

de Baadanstalt

mešita

de Moschee

farma

de Buernhoff

znečisťovanie životného prostredia

de Ümweltversmudden

cintorín

de Karkhoff

kostol

de Kark

ihrisko

de Speelplatz

chrám

de Tempel

terén
de Landschop

list
dat Blatt

smerová tabuľa
de Wiespahl

cesta
de Weg

lúka
de Wisch

kameň
de Steen

turista
de Wannerer

strom
de Boom

rieka
de Fluss

tráva
dat Gras

kvet
de Bloom

dolina

dat Daal

kopec

de Barg

jazero

de See

les

dat Holt

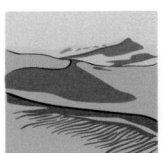

púšť

de Wööst

vulkán

de Füerspien Barg

zámok

dat Slott

dúha

de Regenbagen

hríb

de Poggenstohl

palma

de Palm

komár

de Steekmück

mucha

de Fleeg

mravec

de Miegeemk

včela

de Imm

pavúk

de Spinn

chrobák

de Sebber

žaba

de Pogg

veverička

de Katteker

jež

de Swienegel

zajac

de Haas

sova

de Uul

vták

de Vagel

labuť

de Swaan

diviak

dat Wildswien

jeleň

de Hirsch

los

de Elk

hrádza

de Staudamm

veterná turbína

dat Windrad

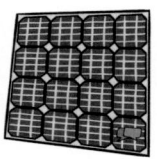

solárny panel

dat Solarmodul

podnebie

dat Klima

reštaurácia

dat Spieslokal

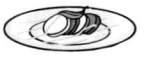

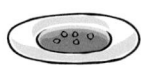

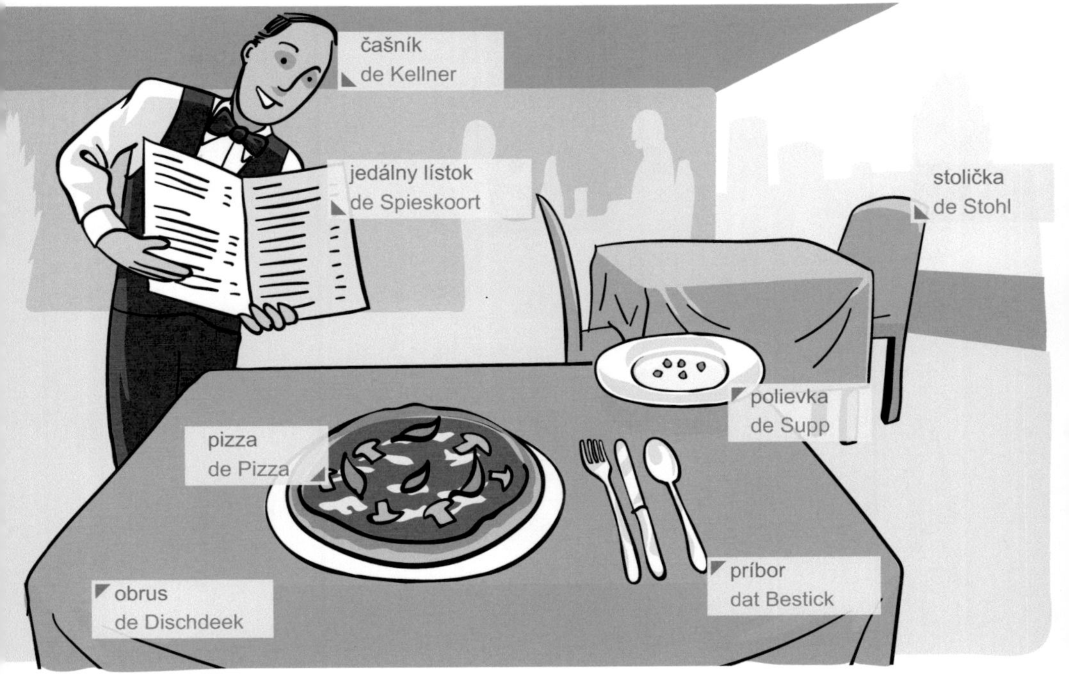

čašník
de Kellner
jedálny lístok
de Spieskoort
stolička
de Stohl
polievka
de Supp
pizza
de Pizza
príbor
dat Bestick
obrus
de Dischdeek

predjedlo
de Vörspies

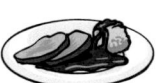

hlavné jedlo
dat Haupteten

zákusok
de Nadisch

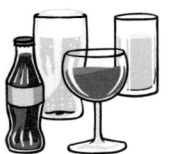

nápoje
de Drünk

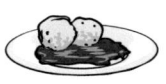

jedlo
dat Eten

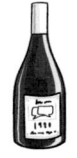

fľaša
de Buddel

fast-food

dat Fastfood

street food

dat Strateneten

kanvica na čaj

de Teekann

cukornička

de Zuckerdoos

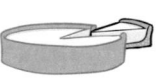

porcia

de Portschoon

stroj na espresso

de Espressomaschien

detská stolička

de Hoochstohl

účet

de Reken

podnos

dat Tablett

nôž

dat Mess

vidlička

de Gavel

lyžica

de Lepel

čajová lyžička

de Teelepel

obrúsok

dat Munddook

pohár

dat Glas

reštaurácia - dat Spieslokal

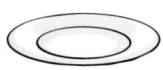

tanier

de Töller

hlboký tanier

de Suppentöller

podšálka

de Ünnertass

omáčka

de Sooß

soľnička

de Soltstreuer

mlynček na korenie

de Pepermöhl

ocot

de Etig

olej

dat Ööl

korenie

de Krüder

kečup

de Ketchup

horčica

de Mostrich

majonéza

de Mayonnaise

supermarket
de Supermarkt

špeciálna ponuka
dat Anbott
FOR
klient
de Kunn
mliečne výrobky
de Melkprodukten
ovocie
dat Aaft
nákupný vozík
de Inkoopswagen

BUTCHERS

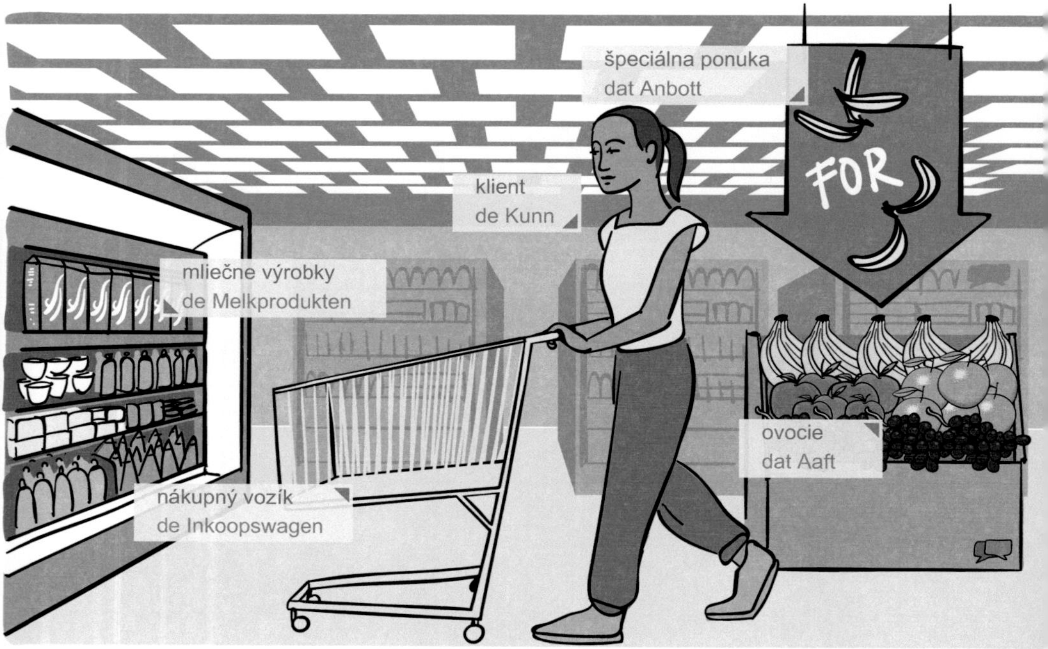

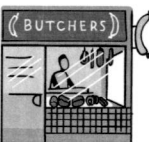

mäsiarstvo

de Slachterie

BAKERY

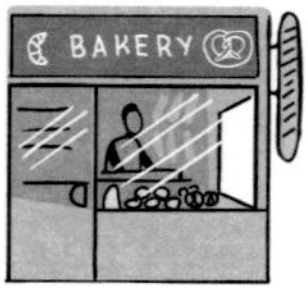

pekáreň

de Bäckerie

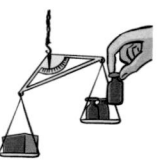

vážiť

wegen

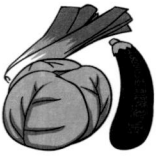

zelenina

de Gröönsaken

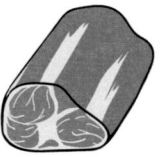

mäso

dat Fleesch

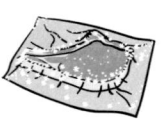

mrazené potraviny

de Deepköhlkost

nárez

de Opsnitt

konzervy

de Konserven

prací prostriedok

de Waschmiddel

sladkosti

de Snoopkraam

domáce potreby

de Huushooltssaken

čistiace prostriedky

de Reinmaaktüüch

predavačka

de Verköpersche

pokladňa

de Kass

pokladník

de Kasserer

nákupný zoznam

de Inkoopslist

otváracie hodiny

de Opsparrtieden

peňaženka

de Breeftasch

kreditná karta

de Kreditkoort

taška

de Tasch

plastové vrecko

de Plastiktüüt

nápoje
de Drünk

voda

dat Water

džús

de Saft

mlieko

de Melk

kola

de Cola

víno

de Wien

pivo

dat Beer

alkohol

de Spriet

kakao

de Kakao

čaj

de Tee

káva

de Koffie

espresso

de Espresso

kapučíno

de Cappucino

banán

de Banaan

jablko

de Appel

pomaranč

de Appelsien

melón

de Meloon

citrón

de Zitroon

mrkva

de Wöttel

cesnak

de Knuuvlook

bambus

de Bambus

cibuľa

de Zibbel

hríb

de Poggenstohl

orechy

de Nööt

rezance

de Nudeln

špagety

de Spaghetti

ryža

de Ries

šalát

de Salat

hranolky

de Pommes frites

pečené zemiaky

de Braadkantüffeln

pizza

de Pizza

hamburger

de Hamborger

obložený chlebík

dat Sandwich

rezeň

dat Snitzel

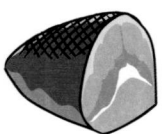

šunka

de Schinken

saláma

de Salami

klobása

de Wust

kurča

dat Hohn

pečené mäso

de Braden

ryba

de Fisch

ovsené vločky

de Haverflocken

müsli

dat Müsli

kukuričné lupienky

de Cornflakes

múka

dat Mehl

croissant

de Croissant

pečivo

dat Rundstück

chlieb

dat Broot

hrianka

dat Toast

sušienky

de Keksen

maslo

de Botter

tvaroh

de Quark

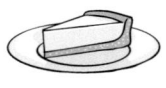

koláč

de Koken

vajce

dat Ei

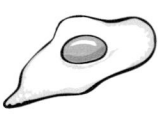

volské oko

dat Spegelei

syr

de Kees

zmrzlina

de Ies

cukor

de Zucker

med

de Honnig

lekvár

de Marmelaad

nugátová nátierka

de Nougat-Creme

karí korenie

dat Curry

farma
de Buernhoff

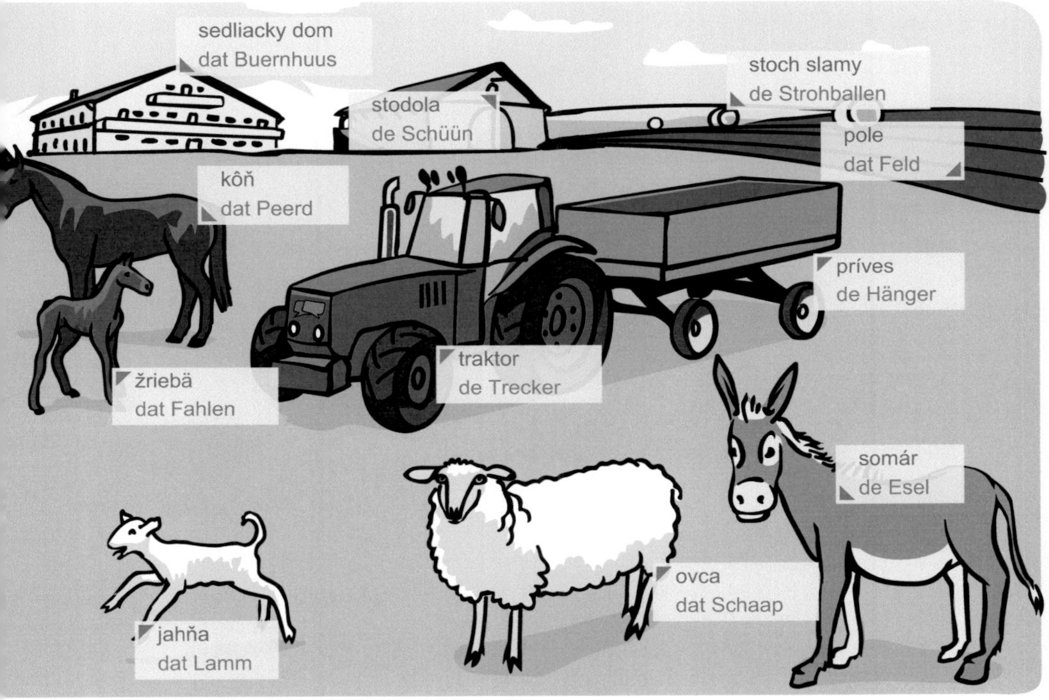
sedliacky dom
dat Buernhuus
stodola
de Schüün
stoch slamy
de Strohballen
pole
dat Feld
kôň
dat Peerd
príves
de Hänger
traktor
de Trecker
žriebä
dat Fahlen
somár
de Esel
ovca
dat Schaap
jahňa
dat Lamm

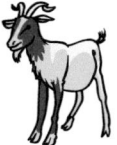

koza

de Zeeg

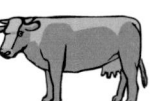

krava

de Koh

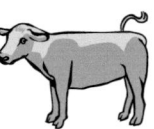

teľa

dat Kalf

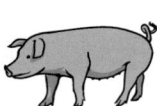

prasa

dat Swien

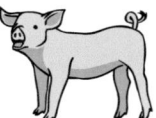

prasiatko

dat Farken

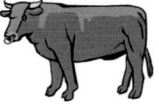

býk

de Bull

hus

de Goos

kačica

de Aant

kuriatko

dat Küken

sliepka

dat Hohn

kohút

de Hahn

potkan

de Rott

mačka

de Katt

myš

de Muus

vôl

de Oss

pes

de Hund

psia búda

de Hunnenhütt

záhradná hadica

de Goornslauch

krhla

de Geetkann

kosa

de Lee

pluh

de Ploog

kosák

de Sich

motyka

de Hack

vidly na hnoj

de Mestfork

sekera

de Ext

fúrik

de Schuufkoor

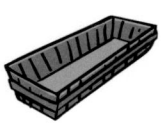

koryto

de Trog

kanva na mlieko

de Melkkann

vrece

de Sack

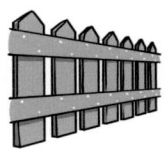

plot

de Tuun

maštaľ

de Stall

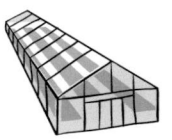

skleník

dat Drievhuus

pôda

de Bodden

osivo

de Saat

hnojivo

de Dünger

kombajn

de Meihdöscher

žať
....
oornen

žatva
....
de Oorn

batát
....
de Yamswöttel

pšenica
....
de Weten

sója
....
dat Soja

zemiak
....
de Kantüffel

kukurica
....
de Törksche Weten

repka
....
de Rapp

ovocný strom
....
de Aaftboom

maniok
....
de Troopsch Kantüffel

obilie
....
dat Koorn

dom

dat Huus

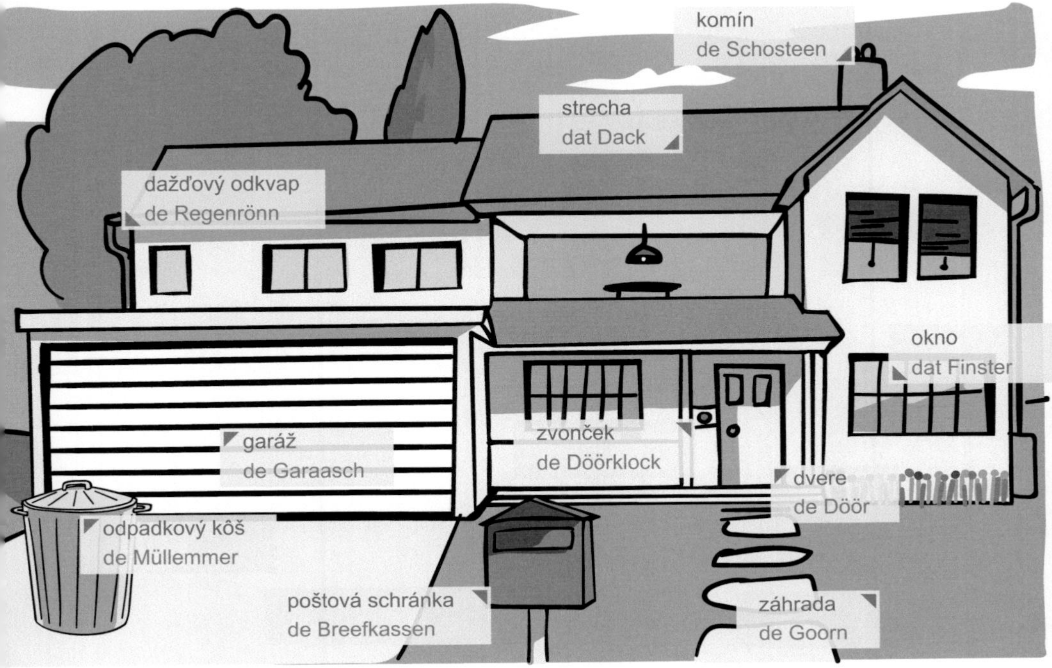

komín
de Schosteen
strecha
dat Dack
dažďový odkvap
de Regenrönn
okno
dat Finster
garáž
de Garaasch
zvonček
de Döörklock
dvere
de Döör
odpadkový kôš
de Müllemmer
poštová schránka
de Breefkassen
záhrada
de Goorn

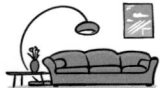

obývačka

de Wahnstuuv

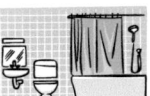

kúpeľňa

de Baadstuuv

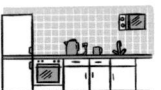

kuchyňa

de Köök

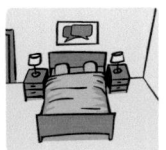

spálňa

de Slaapstuuv

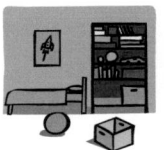

detská izba

de Kinnerstuuv

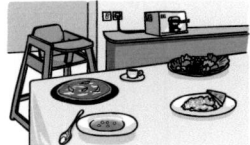

jedáleň

de Eetstuuv

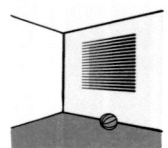

podlaha

de Footbodden

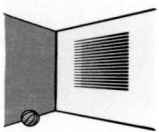

stena

de Wand

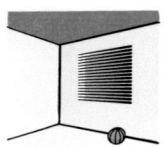

strop

de Deek

pivnica

de Keller

sauna

dat Hittluftbad

balkón

de Balkon

terasa

de Terrass

bazén

dat Swümmbad

kosačka

de Rasenmeiher

obliečka

de Bettbetog

posteľná prikrývka

de Bettdeek

posteľ

de Puuch

metla

de Bessen

vedro

de Emmer

vypínač

de Schalter

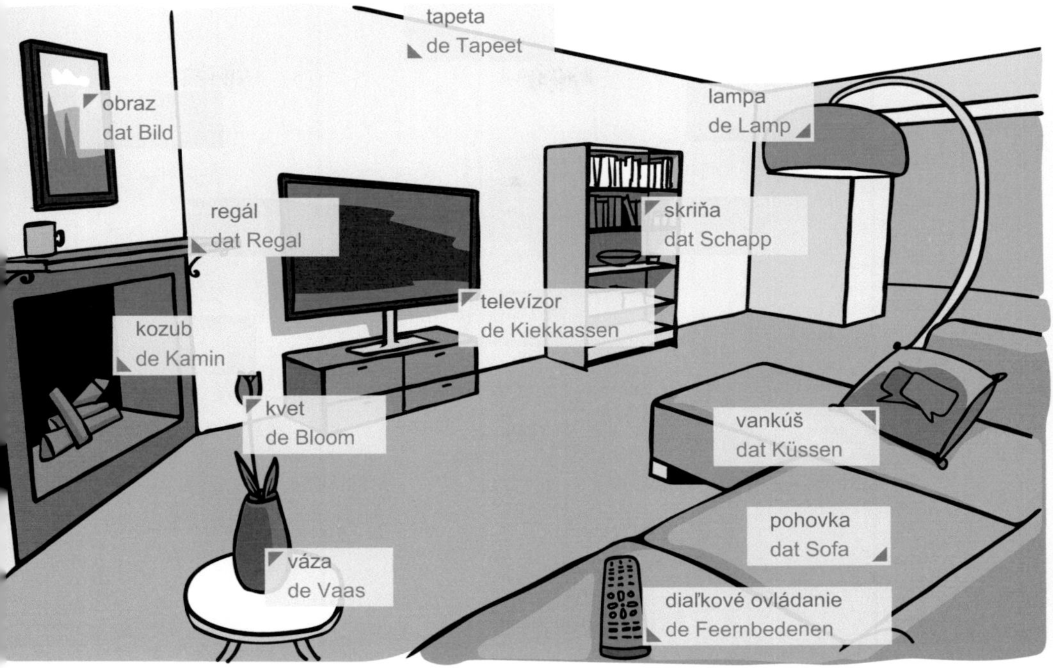

tapeta
de Tapeet

obraz
dat Bild

lampa
de Lamp

regál
dat Regal

skriňa
dat Schapp

kozub
de Kamin

televízor
de Kiekkassen

kvet
de Bloom

vankúš
dat Küssen

pohovka
dat Sofa

váza
de Vaas

diaľkové ovládanie
de Feernbedenen

koberec

de Teppich

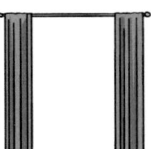

záclona

de Vörhang

stôl

de Disch

stolička

de Stohl

hojdacie kreslo

de Schuckelstohl

kreslo

de Sessel

kniha

dat Book

prikrývka

de Deek

dekorácia

de Dekoratschoon

drevo na kúrenie

dat Füerholt

film

de Film

hi-fi veža

de Stereoanlaag

kľúč

de Slötel

noviny

dat Narichtenblatt

maľba

dat Gemälde

plagát

dat Poster

rádio

dat Radio

zápisník

de Opschrievblock

vysávač

de Huulbessen

kaktus

de Kaktus

sviečka

de Kars

kuchyňa
de Köök

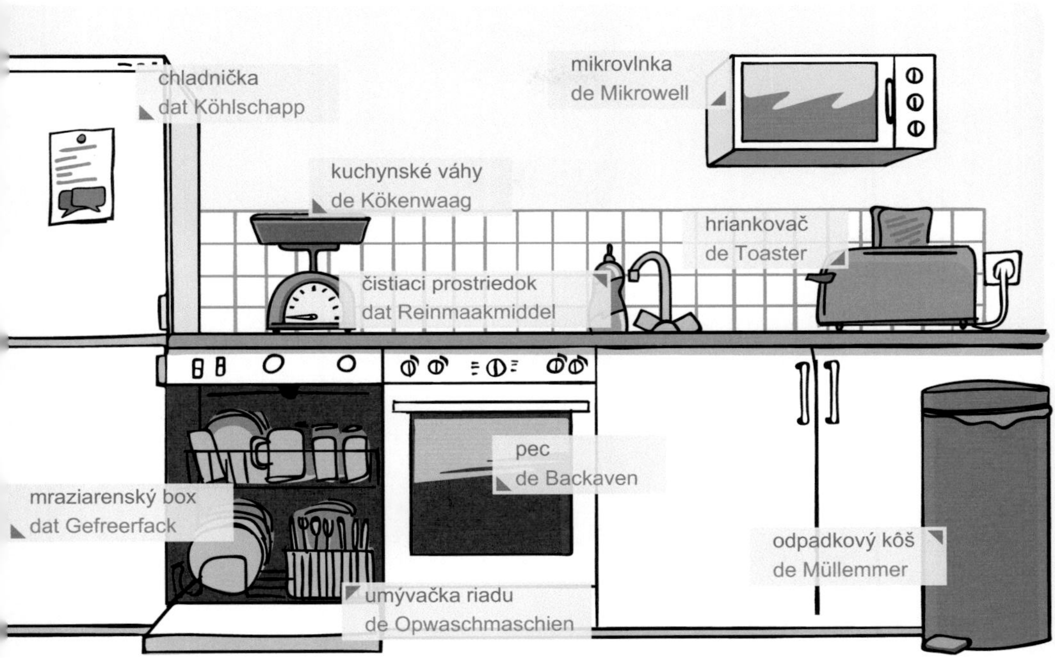
chladnička
dat Köhlschapp
mikrovlnka
de Mikrowell
kuchynské váhy
de Kökenwaag
hriankovač
de Toaster
čistiaci prostriedok
dat Reinmaakmiddel
pec
de Backaven
mraziarenský box
dat Gefreerfack
odpadkový kôš
de Müllemmer
umývačka riadu
de Opwaschmaschien

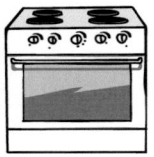

sporák

de Heerd

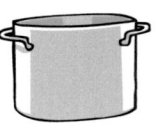

hrniec

de Pott

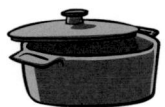

železný hrniec

de Gussiesern Putt

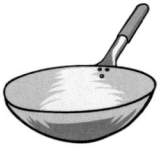

wok / kadai

de Wok / Kadai

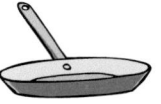

panvica

de Pann

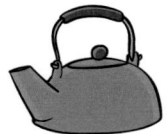

rýchlovarná kanvica

de Waterkaker

parný hrniec

de Dampkaakputt

plech na pečenie

dat Backblick

riad

dat Geschirr

pohár

de Beker

misa

de Schaal

paličky

de Eetsticken

naberačka na polievku

de Suppenkell

stierka

de Pannenwenner

metlička

de Sneebessen

cedidlo

dat Kaakseef

sitko

dat Seef

strúhadlo

de Riev

mažiar

de Mörser

gril

de Grill

ohnisko

de Füerstell

doska na krájanie

dat Sniedbrett

valček na cesto

dat Nudelholt

vývrtka

de Proppentrecker

konzerva

de Doos

otvárač na konzervy

de Dosenaapner

chňapka

de Pottlappen

výlevka

dat Waschbecken

kefa

de Böst

hubka

de Swamm

mixér

de Mixer

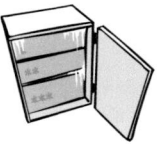

mraznička

dat Iesschapp

kojenecká fľaša

de Nuckelbuddel

vodovodný kohútik

de Waterhahn

kúpeľňa
de Baadstuuv

sprcha
de Bruus
kúrenie
de Heizung
uterák
dat Handdook
sprchový záves
de Bruusvörhang
pena do kúpeľa
dat Schuumbad
vaňa
de Baadwann
pohár
dat Glas
práčka
de Waschmaschien
vodovodný kohútik
de Waterhahn
dlaždice
de Fliesen
nočník
de lütte Putt
výlevka
dat Waschbecken

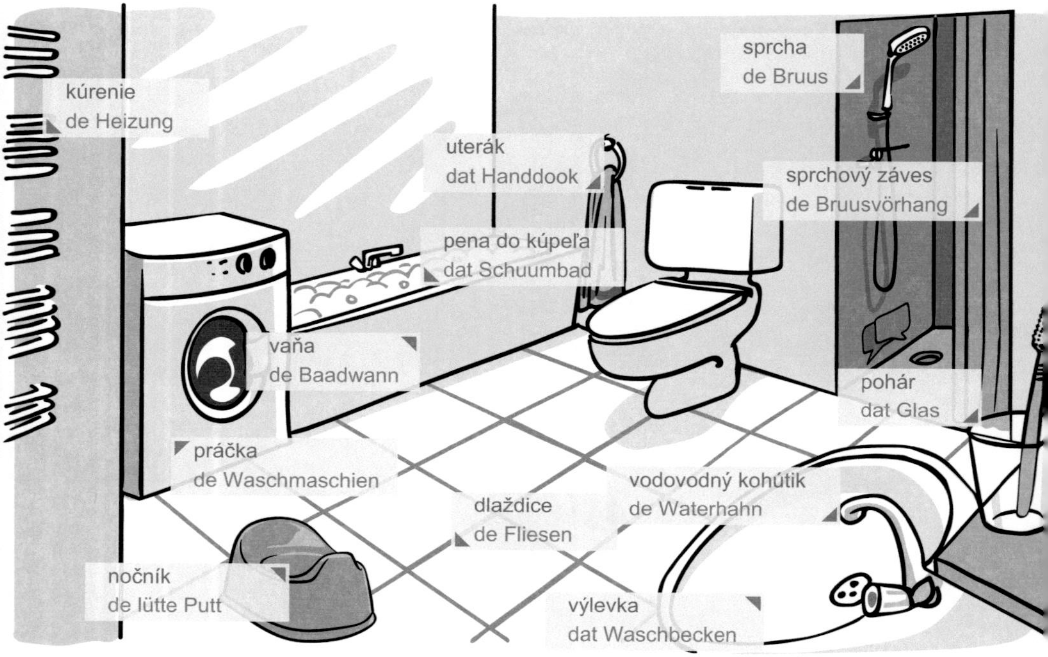

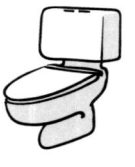

záchod

de Tante Meier

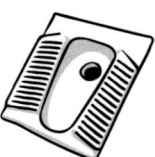

suchý záchod

de Hockklo

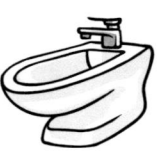

bidet

dat Bidet

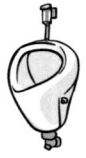

pisoár

dat Miegbecken

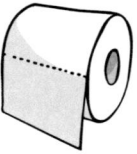

toaletný papier

dat Klopapeer

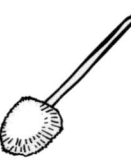

záchodová kefa

de Kloböst

zubná kefka

de Tähnböst

zubná pasta

de Tähnpast

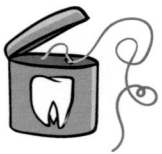

dentálna niť

de Tähnsied

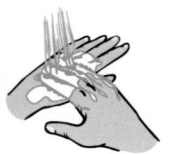

umývať

waschen

ručná sprcha

de Handbruus

sprcha pre intímnu hygienu

de Intimbruus

umývadlo

de Waschschöttel

kefa na chrbát

de Rüchböst

mydlo

de Seep

sprchový gél

dat Bruusgeel

šampón

dat Hoorwaschmiddel

frotírová rukavica

de Waschlappen

odtok

de Afloop

krém

de Creme

dezodorant

dat Deodorant

kúpeľňa - de Baadstuuv

zrkadlo

de Spegel

kozmetické zrkadlo

de Kosmetikspegel

žiletka

de Raserer

pena na holenie

de Raseerschuum

voda po holení

dat Raseerwater

hrebeň

de Kamm

kefa

de Böst

sušič vlasov

de Hoordröger

sprej na vlasy

dat Hoorspray

make-up

de Smink

rúž

de Lippensticken

lak na nechty

de Nagellack

vata

de Watt

nožnice na nechty

de Nagelscheer

parfum

dat Rüükwater

kozmetická taška

de Kulturbüdel

stolček

de Schemel

váha

de Waag

kúpací plášť

de Baadmantel

gumové rukavice

de Gummihanschen

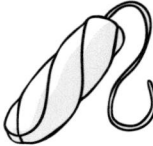

tampón

de Tampon

menštruačná vložka

de Damenbinn

chemické WC

dat Chemieklo

detská izba
de Kinnerstuuv

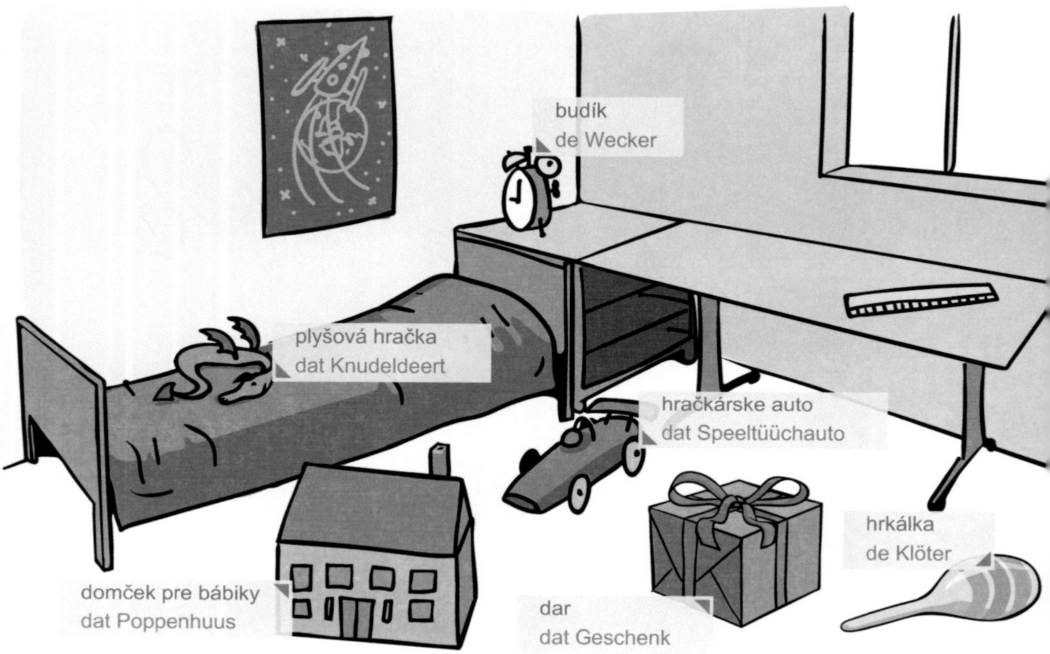

budík
de Wecker
plyšová hračka
dat Knudeldeert
hračkárske auto
dat Speeltüüchauto
hrkálka
de Klöter
domček pre bábiky
dat Poppenhuus
dar
dat Geschenk

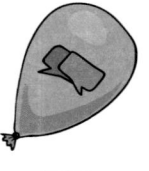

balón
de Luftballon

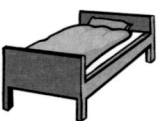

posteľ
de Puuch

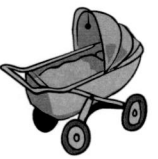

detský kočík
de Kinnerwagen

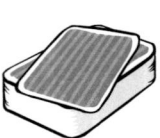

karty
dat Koortenspeel

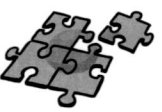

puzzle
dat Puzzle

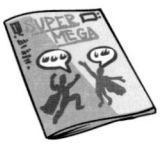

komix
de Billergeschicht

skladačka lego

de Legostenen

stavebnica

de Bustenen

akčná postavička

de Action-Figur

dupačky

de Strampelantog

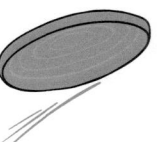

lietajúci tanier

de Frisbeeschiev

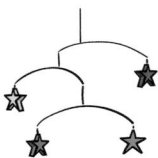

závesné hračky

dat Mobile

stolová hra

dat Brettspeel

kocka

de Wörpel

modelový vláčik

de Modelliesenbahn

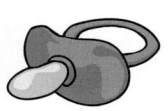

cumlík

de Snuller

párty

de Party

obrázková kniha

dat Billerbook

lopta

de Ball

bábika

de Popp

hrať sa

spelen

pieskovisko
de Sandkassen

hojdačka
de Schuckel

hračky
dat Speeltüüch

hracia konzola
de Speelkonsool

trojkolka
dat Dreerad

medvedík
de Teddyboor

šatník
dat Klederschapp

šatstvo
dat Tüüch

ponožky
de Socken

pančuchy
de Strümp

pančuchové nohavičky
de Strumpbüx

šál
dat Halsdook

dáždnik
de Paraplü

tričko
dat T-Shirt

opasok
de Liefreem

čižmy
de Stevel

papuče
de Puuschen

tenisky
de Turnschoh

sandále
de Sandalen

topánky
de Schoh

gumáky
de Gummistevel

spodky
de Ünnerbüx

podprsenka
de Bostholler

tielko
dat Ünnerhemd

body
de Lief

nohavice
de Büx

džínsy
de Jeansnüx

sukňa
de Rock

blúzka
de Bluus

košeľa
dat Hemd

pulóver
de Pullover

sveter
de Kapuzenpullover

blejzer
de Blazer

bunda
de Jack

kabát
de Mantel

pršiplášť
de Övertrecker

kostým
dat Kostüm

šaty
dat Kleed

svadobné šaty
dat Hochtietskleed

oblek

de Antog

nočná košeľa

dat Nachtkleed

pyžamo

de Slaapantog

sari

de Sari

šatka na hlavu

dat Koppdook

turban

de Turban

burka

de Burka

kaftan

de Kaftan

abaja

de Abaya

dvojdielne plavky

de Baadantog

plavky

de Baadbüx

šortky

de Korte Büx

teplákova súprava

de Antog to'n Öven

zástera

de Schört

rukavice

de Handschoh

gombík

de Knopp

okuliare

de Brill

náramok

dat Armband

retiazka

de Halskeed

prsteň

de Ring

náušnica

de Ohrbummel

čiapka

de Mütz

vešiak

de Klederbögel

klobúk

de Hoot

kravata

de Binner

zips

de Rietslüter

prilba

de Helm

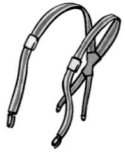

traky

dat Drachtband

školská uniforma

de Schooluniform

uniforma

de Uniform

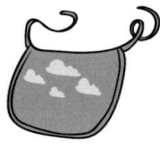

podbradník

de Severböten

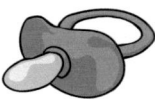

cumlík

de Snuller

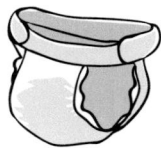

plienka

de Winnel

kancelária

dat Büro

server
de Server
skriňa na spisy
dat Aktenschapp
tlačiareň
de Drucker
apier
at Papeer
monitor
de Bildschirm
písací stôl
de Schrievdisch
myš
de Muus
zakladač
de Orner
klávesnica
dat Knoopboord
kôš na papier
de Papeerkorf
počítač
de Computer
stolička
de Stohl

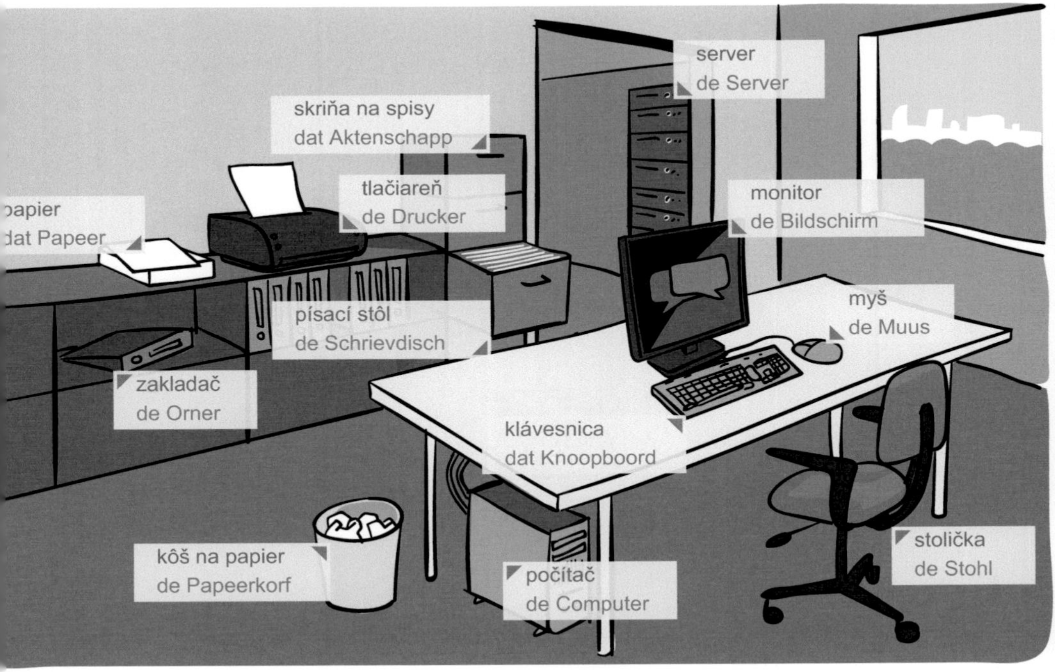

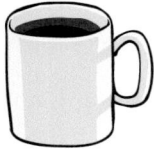

hrnček na kávu

de Koffiebeker

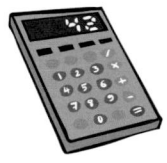

kalkulačka

de Taschenreekner

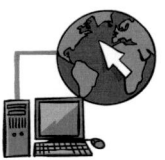

internet

dat Internet

laptop

de Klappreekner

list

de Breef

správa

de Naricht

mobil

de Ackersnacker

sieť

dat Nettwark

kopírka

de Kopeerapparat

softvér

de Software

telefón

de Klöönkassen

elektrická zásuvka

de Steekdoos

fax

de Faxapparat

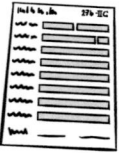

formulár

dat Formulor

doklad

dat Dokument

kúpiť

köpen

platiť

betahlen

obchodovať

hanneln

peniaze

dat Geld

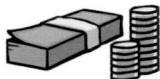

dolár

de Dollar

euro

de Euro

jen

de Yen

rubeľ

de Ruvel

švajčiarsky frank

de Swiezer Franken

čínsky jüan

de Renminbi Yuan

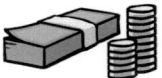

rupia

de Rupie

bankomat

de Geldautomat

zmenáreň

de Wesselstuuv

zlato

dat Gold

striebro

dat Sülver

ropa

dat Ööl

energia

de Energie

cena

de Pries

zmluva

de Verdrag

daň

de Stüer

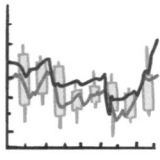

akcia

de Andeelschien

pracovať

arbeiden

zamestnanec

de Anstellte

zamestnávateľ

de Arbeitgever

továreň

de Fabrik

obchod

de Hökerie

povolania
de Profeschonen

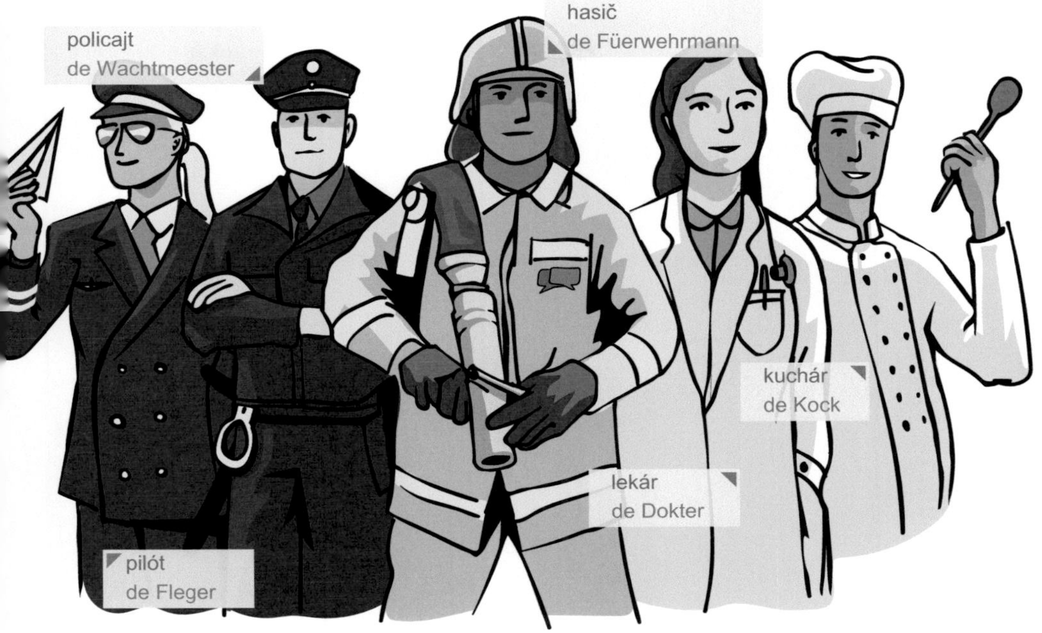
policajt
de Wachtmeester
hasič
de Füerwehrmann
kuchár
de Kock
lekár
de Dokter
pilót
de Fleger

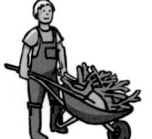

záhradník

de Goorner

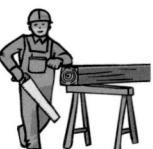

stolár

de Discher

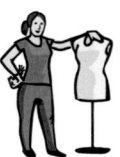

krajčírka

de Neihersche

sudca

de Richter

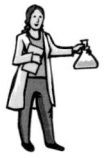

chemik

de Chemiker

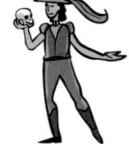

herec

de Schauspeler

vodič autobusu

de Busfohrer

taxikár

de Taxifohrer

rybár

de Fischer

upratovačka

de Reinmaakfru

pokrývač

de Dackdecker

čašník

de Kellner

poľovník

de Jäger

maliar

de Maler

pekár

de Bäcker

elektrikár

de Elektriker

stavebný robotník

de Buarbeider

inžinier

de Ingenieur

mäsiar

de Slachter

klampiar

de Klempner

poštár

de Postbüdel

vojak

de Suldat

architekt

de Architekt

pokladník

de Kasserer

kvetinár

de Florist

kaderník

de Putzbüdel

sprievodca

de Schaffner

mechanik

de Mechaniker

kapitán

de Kaptein

zubár

de Tähndokter

vedec

de Wetenschopler

rabín

de Rabbi

imám

de Imam

mních

de Mönk

farár

de Paap

náradie
dat Warktüüch

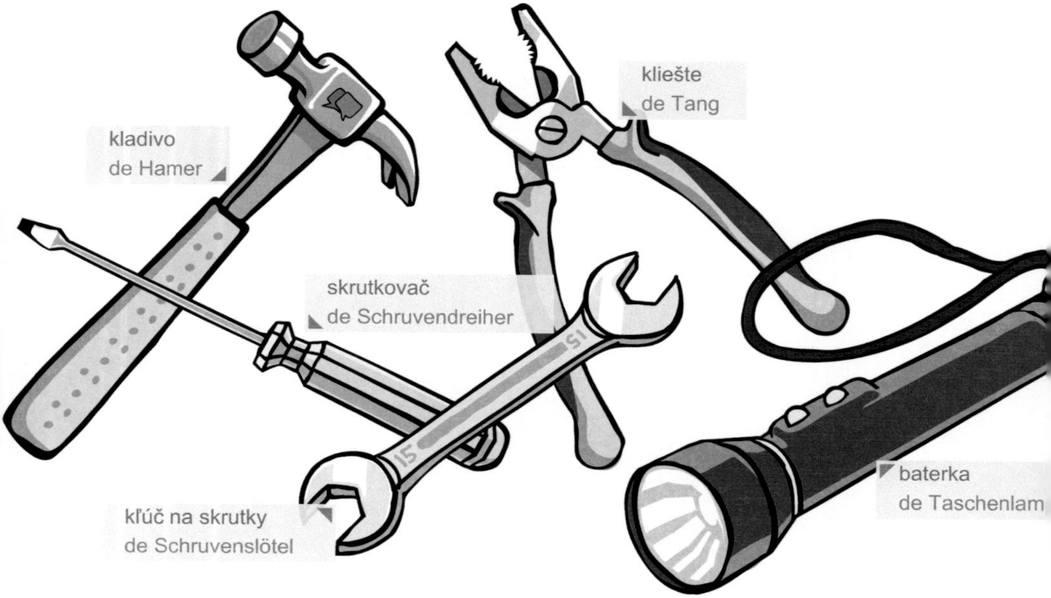
kladivo
de Hamer
kliešte
de Tang
skrutkovač
de Schruvendreiher
kľúč na skrutky
de Schruvenslötel
baterka
de Taschenlam

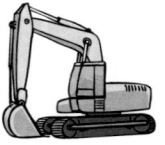

bager

de Grieper

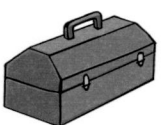

súprava náradia

de Warktüüchkassen

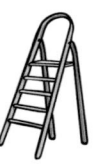

rebrík

de Ledder

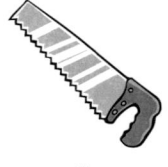

pílka

de Saag

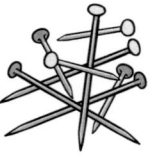

klince

de Nagels

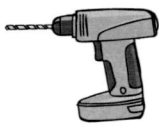

vrták

de Bohrer

opraviť

heelmaken

lopata

de Schüffel

Do čerta!

Schiet!

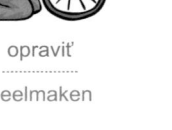

lopatka na smeti

dat Kehrblick

nádoba s farbou

de Farvpott

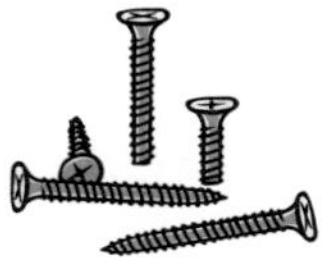

skrutky

de Schruven

hudobné nástroje
de Musikinstrumenten

reproduktor
de Luutsnacker

bicie
dat Slagtüüch

gitara
de Rietfiedel

kontrabas
de Bass-Vigelien

trúbka
de Trumpeet

klavír

dat Klaveer

husle

de Vigelien

basa

de Bass

tympany

de Pauk

bubon

de Trummeln

klávesnica

dat Keyboard

saxofón

dat Saxophon

flauta

de Fleut

mikrofón

dat Mikrofoon

ZOO

de Deertenpark

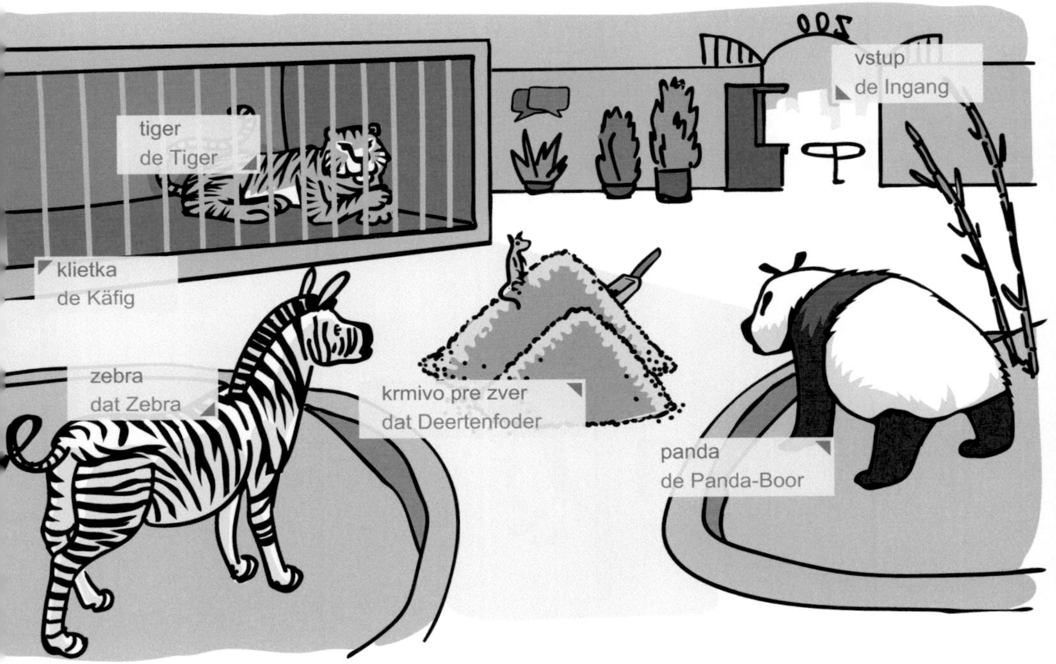

vstup
de Ingang
tiger
de Tiger
klietka
de Käfig
zebra
dat Zebra
krmivo pre zver
dat Deertenfoder
panda
de Panda-Boor

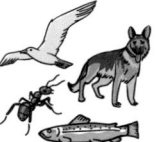

zvieratá

de Deerten

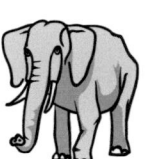

slon

de Elefant

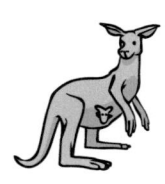

klokan

dat Känguru

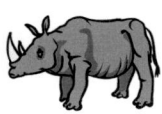

nosorožec

dat Neeshoorn

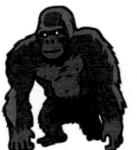

gorila

de Gorilla

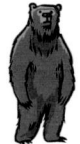

medveď

de Boor

ťava

dat Kameel

pštros

de Struuß

lev

de Lööv

opica

de Aap

plameniak

de Flamingo

papagáj

de Papagoi

ľadový medveď

de Iesboor

tučniak

de Pinguin

žralok

de Haifisch

páv

de Pageluun

had

de Slang

krokodíl

dat Krokodil

ošetrovateľ v ZOO

de Oppasser in'n
Deertenpark

tuleň

de Saalhund

jaguár

de Jaguor

poník

dat Pony

leopard

de Leopard

hroch

dat Nilpeerd

žirafa

de Giraff

orol

de Aadler

diviak

dat Wildswien

ryba

de Fisch

korytnačka

de Schildkrööt

mrož

dat Walross

líška

de Voss

gazela

de Gazell

šport
de Sport

americký futbal
de Amerikaansch Football

cyklistika
dat Radfohren

tenis
dat Tennis

basketbal
de Korfball

plávanie
dat Swümmen

box
dat Boxen

hokej
dat Ieshockey

futbal
de Football

bedminton
dat Fedderball

ľahká atletika
de Leichtathletik

hádzaná
de Handball

lyžovanie
dat Skilopen

pólo
dat Polo

smiať sa
lachen

skočiť
springen

objať
ümarmen

spievať
singen

chodiť
gahn

snívať
drömen

modliť sa
beden

pobozkať
snuteln

písať
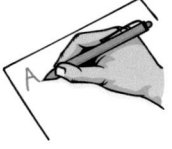
schrieven

kresliť

teken

ukázať

wiesen

tlačiť

drücken

dať
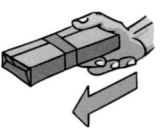
geven

brať

nehmen

mať

hebben

robiť

doon

byť

sien

stáť

stahn

bežať

lopen

ťahať

trecken

hádzať

smieten

padnúť

fallen

ležať

liggen

čakať

töven

nosiť

dregen

sedieť

sitten

obliecť sa

antrecken

spať

slapen

zobudiť sa

opwaken

pozerať

ankieken

plakať

wenen

hladkať

eien

česať

kämmen

hovoriť

snacken

rozumieť

verstahn

pýtať sa

fragen

počuť

hören

piť

drinken

jesť

eten

upratať

oprümen

milovať

leefhebben

variť

kaken

jazdiť

fohren

letieť

flegen

plachtiť

segeln

počítať

reken

čítať

lesen

učiť sa

lehren

pracovať

arbeiden

oženiť

de Plünnen tohoopsmieten

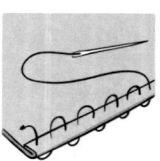

šiť

neihen

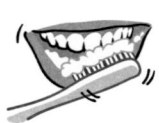

čistiť zuby

Tähnen putzen

zabiť

dootmaken

fajčiť

smöken

poslať

schicken

ará mama
e Grootmoder

starý otec
de Grootvadder

otec
de Vadder

mama
de Moder

bo
t Winnelkind

dcéra
de Dochter

syn
de Söhn

hosť
de Gast

teta
de Tant

strýko
de Unkel

brat
de Broder

sestra
de Süster

telo

de Lief

čelo
de Vörkopp
oko
dat Oog
plece
de Schuller
prst
de Finger
tvár
dat Gesicht
brada
dat Kinn
ruka
de Hand
hruď
de Bost
noha
dat Been
rameno
de Arm

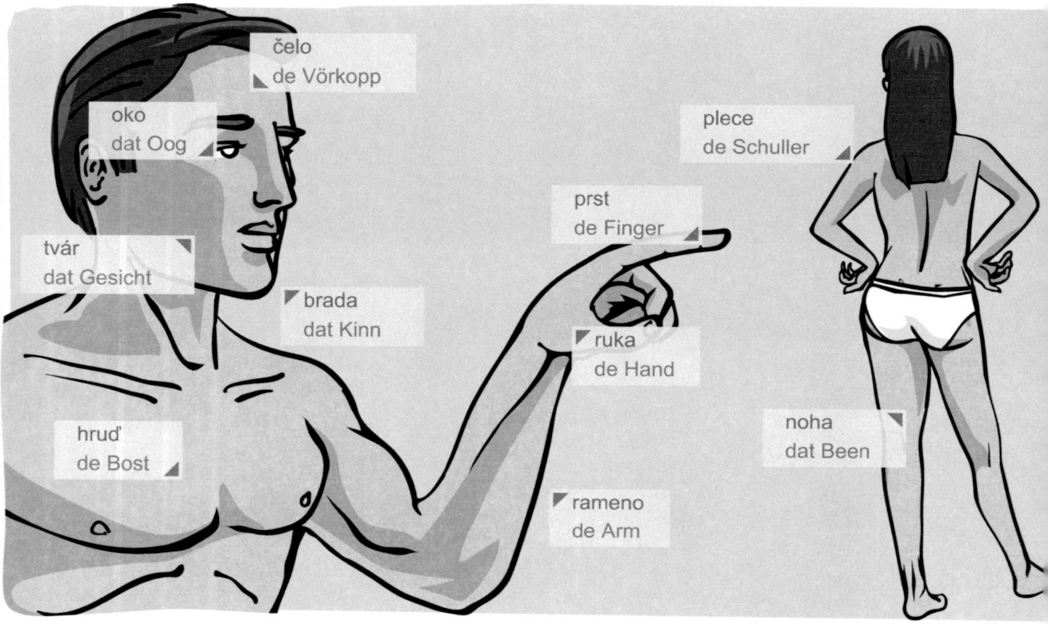

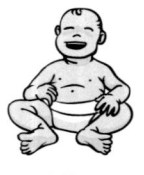

bábo

dat Winnelkind

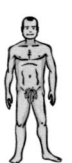

muž

de Mann

žena

de Fro

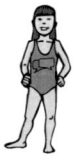

dievča

de Deern

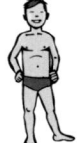

chlapec

de Jung

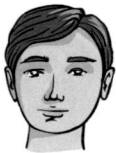

hlava

de Arm

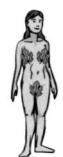

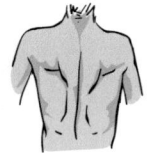

chrbát

de Rüch

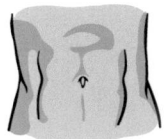

brucho

de Buuk

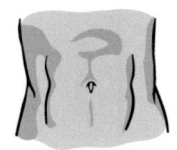

pupok

de Navel

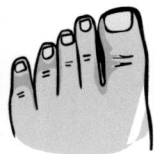

prst na nohe

de Teh

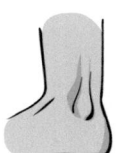

päta

de Hack

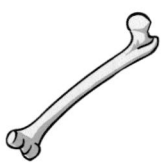

kosť

de Knaken

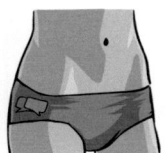

bok

de Hüft

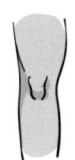

koleno

dat Knee

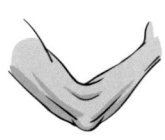

lakeť

de Ellbagen

nos

de Nees

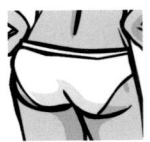

zadok

de Achtersen

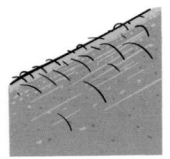

koža

de Huut

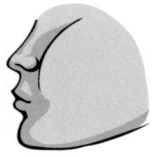

líce

de Back

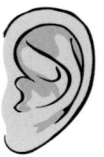

ucho

dat Ohr

pery

de Lipp

telo - de Lief

ústa

de Mund

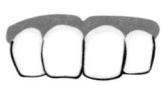

zub

de Tähn

jazyk

de Tung

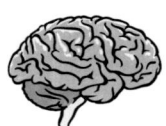

mozog

de Bregen

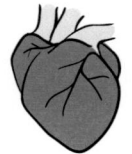

srdce

dat Hart

svaly

de Muskel

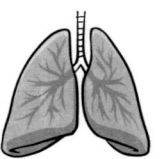

pľúca

de Lung

pečeň

de Lever

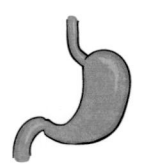

žalúdok

de Maag

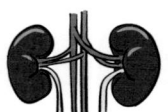

obličky

de Neren

pohlavný styk

de Bislaap

kondóm

dat Kondoom

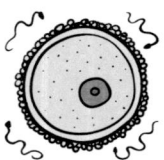

vaječná bunka

de Eizell

semeno

dat Sperma

tehotenstvo

de Anner Ümstänn

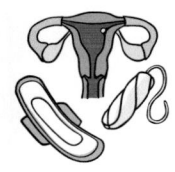

menštruácia

de Menstruatschoon

vagína

de Scheed

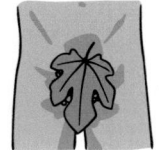

penis

de Pint

obočie

de Ogenbroe

vlasy

dat Hoor

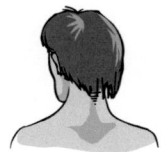

krk

de Hals

nemocnica
dat Krankenhuus

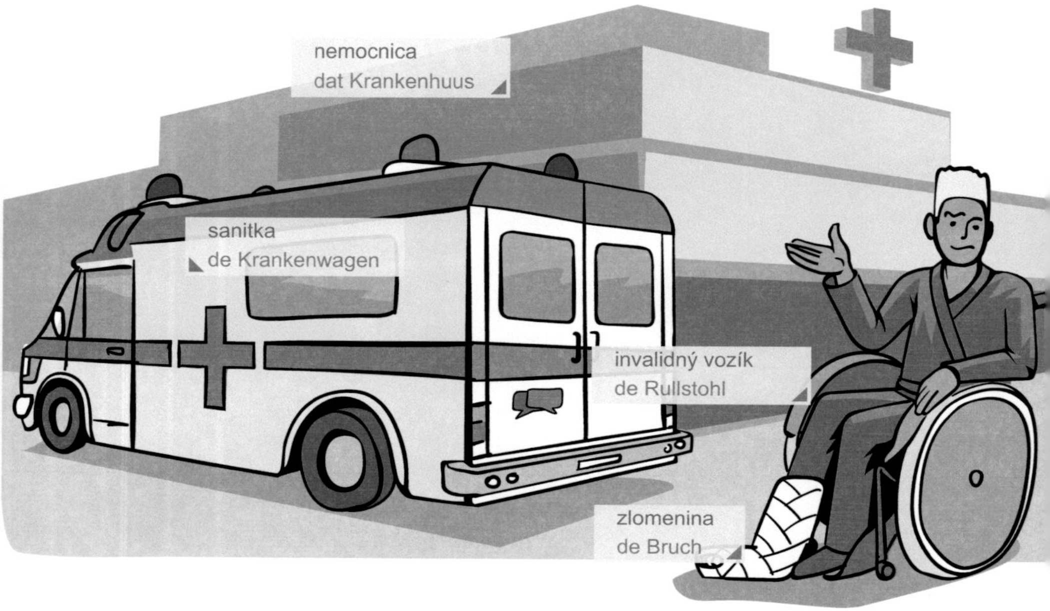

nemocnica
dat Krankenhuus
sanitka
de Krankenwagen
invalidný vozík
de Rullstohl
zlomenina
de Bruch

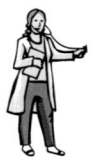

lekár

de Dokter

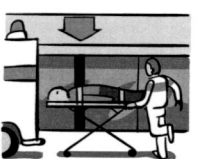

urgentný príjem

de Nootopnahm

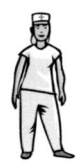

sestrička

de Krankensüster

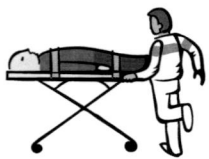

urgentný prípad

de Nootfall

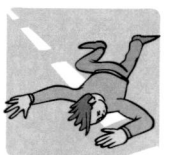

v bezvedomí

ahnmächtig

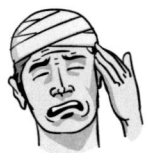

bolesť

de Wehdaag

zranenie

de Verwunnen

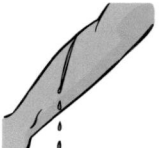

krvácanie

de Blöden

srdcový infarkt

de Hartinfarkt

mozgová porážka

de Slaganfall

alergia

de Allergie

kašeľ

de Hoosten

teplota

dat Fever

chrípka

de Gripp

hnačka

de Dörchfall

bolesť hlavy

de Koppwehdaag

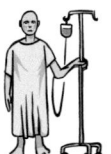

rakovina

de Kreeft

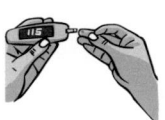

cukrovka

de Zuckersüük

chirurg

de Chirurg

skalpel

dat Chirurgsch Mess

operácia

de Operatschoon

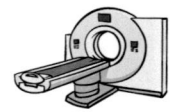

CT
dat CT

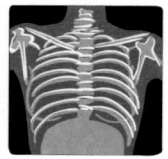

RTG
de Dörchlüchten

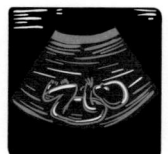

ultrazvuk
de Ultraschall

maska
de Mask

choroba
de Krankheit

čakáreň
de Töövruum

barla
de Krück

náplasť
dat Plaaster

obväz
de Verband

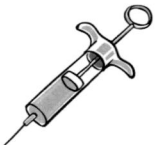

injekcia
de Insprütten

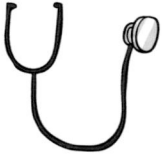

fonendoskop
dat Stethoskop

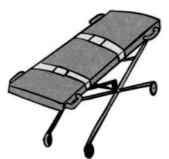

nosidlá
de Draag

teplomer
dat Feverthermometer

pôrod
de Geboort

nadváha
dat Övergewicht

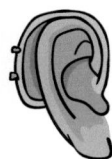

audiofón

de Höörapparat

dezinfekčný prostriedok

dat Kiemfriemiddel

infekcia

de Ansteken

vírus

de Virus

HIV / AIDS

dat HIV / AIDS

medicína

dat Heelmiddel

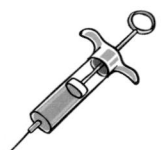

očkovanie

de Impen

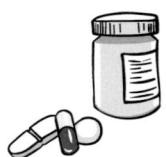

tabletky

de Tabletten

antikoncepčná pilulka

de Pill

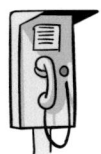

tiesňové volanie

de Nootroop

tlakomer

de Blootdruck-Meter

chorý / zdravý

krank / gesund

Pomoc!

Hölp!

alarm

de Alarm

prepad

de Överfall

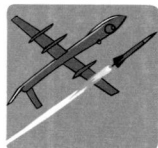

útok

de Angreep

nebezpečenstvo

de Gefohr

núdzový východ

de Nootutgang

Horí!

dat Füer!

hasičský prístroj

de Füerlöscher

nehoda

de Unfall

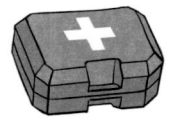

kufrík prvej pomoci

de Noothölpkoffer

SOS

SOS

polícia

de Polizei

Európa

Europa

Severná Amerika

Noordamerika

Južná Amerika

Süüdamerika

Afrika

Afrika

Ázia

Asien

Austrália

Australien

Atlantický oceán

de Atlantik

Tichý oceán

de Pazifik

Indický oceán

dat Indisch Weltmeer

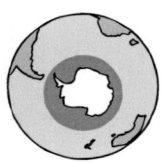

Južný oceán

dat Antarktisch Weltmeer

Severný ľadový oceán

dat Arktisch Weltmeer

Severný pól

de Noordpol

Južný pól

de Süüdpol

Antarktída

de Antarktis

Zem

de Eerd

krajina

dat Land

more

de See

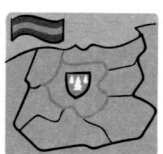

ostrov

dat Eiland

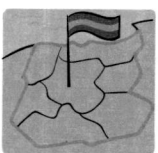

národ

de Natschoon

štát

de Staat

ciferník

dat Tallenblatt

hodinová ručička

de Stunnenwieser

minútová ručička

de Minutenwieser

sekundová ručička

de Sekunnenwieser

Koľko je hodín?

Wo laat is dat?

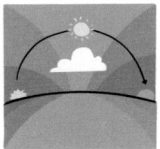

deň

de Dag

čas

de Tiet

teraz

nu

digitálne hodiny

de digetaalsch Klock

minúta

de Minuut

hodina

de Stunn

týždeň
de Week

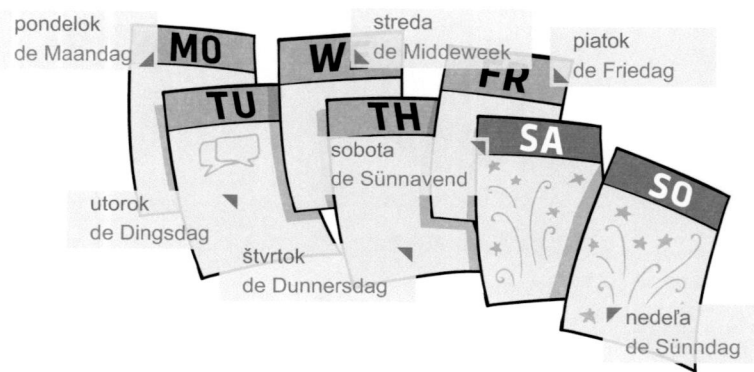

pondelok
de Maandag

utorok
de Dingsdag

streda
de Middeweek

štvrtok
de Dunnersdag

sobota
de Sünnavend

piatok
de Friedag

nedeľa
de Sünndag

včera

güstern

dnes

hüüt

zajtra

morgen

ráno

de Morgen

poludnie

de Meddag

večer

de Avend

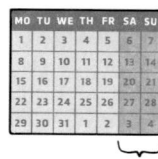

pracovné dni

de Arbeitsdaag

víkend

dat Wekenenn

dúha
de Regenbagen

dážď
de Regen

sneh
de Snee

vietor
de Wind

jar
dat Fröhjohr

jeseň
de Harvst

leto
de Sommer

zima
de Winter

4.APRIL	11°	☀
5.APRIL	4°	🌧
6.APRIL	13°	⛅
7.APRIL	8°	❄
8.APRIL	10°	☀

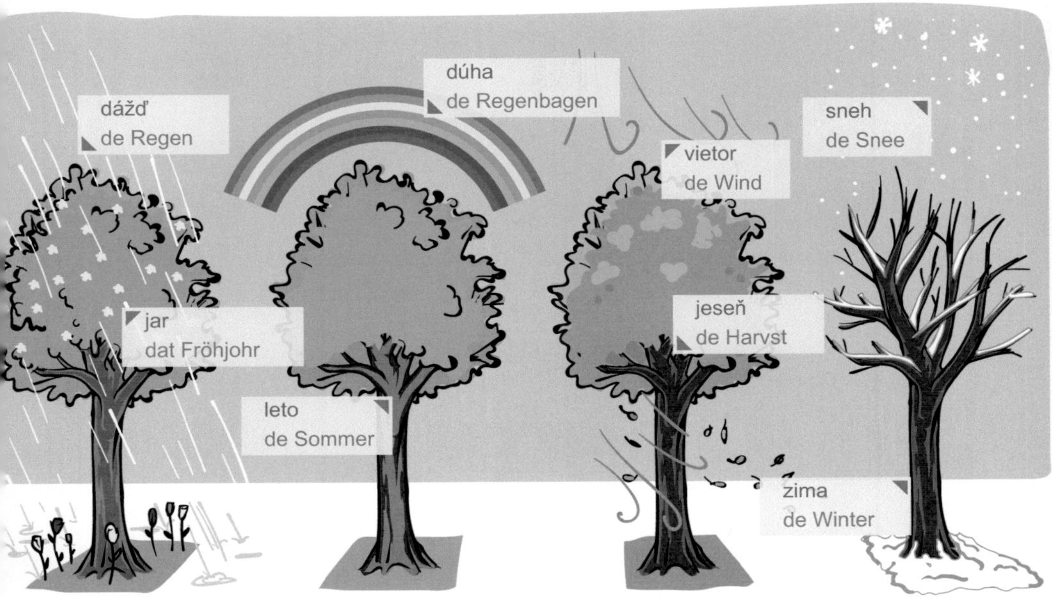

predpoveď počasia
de Wedervörhersaag

teplomer
dat Thermometer

slnečný svit
de Sünnenschien

oblak
de Wulk

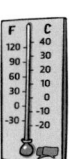

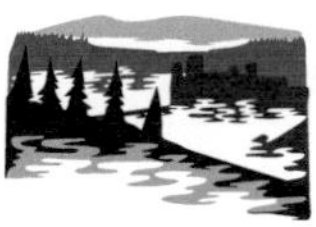

hmla
de Nevel

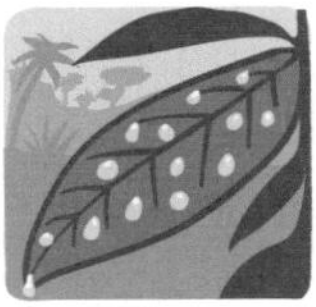

vlhkosť vzduchu
de Luftfuchtigkeit

blesk

de Blitz

hrom

de Dunner

búrka

de Storm

krúpy

de Hagel

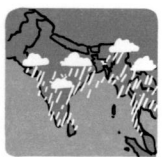

monzún

de Monsun

záplava

de Floot

ľad

dat Ies

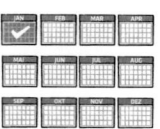

január

de Januormaand

február

de Februormaand

marec

de Martmaand

apríl

de Aprilmaand

máj

de Maimaand

jún

de Junimaand

júl

de Julimaand

august

de Augustmaand

september
....
de Septembermaand

október
....
de Oktobermaand

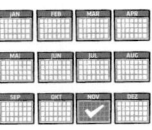

november
....
de Novembermaand

december
....
de Dezembermaand

tvary
de Formen

kruh
....
de Krink

štvorec
....
dat Quadrat

obdĺžnik
....
dat Rechteck

trojuholník
....
dat Dreeeck

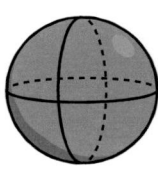

guľa
....
de Kugel

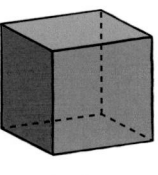

kocka
....
de Wörpel

biela

witt

žltá

geel

oranžová

orangsch

ružová

pink

červená

root

fialová

lila

modrá

blau

zelená

gröön

hnedá

bruun

šedá

gries

čierna

swart

veľa / málo

veel / wenig

zúrivý / pokojný

böös / verdreeglich

pekný / škaredý

smuck / mies

začiatok / koniec

de Begünn / dat Enn

veľký / malý

groot / lütt

svetlý / tmavý

hell / düüster

brat / sestra

de Broder / de Süster

čistý / špinavý

schier / schietig

úplný / neúplný

kumpleet / nich kumpleet

deň / noc

de Dag / de Nacht

mŕtvy / živý

doot / lebennig

široký / úzky

breet / small

chutný / nechutný

geneetbor / nich geneetbor

zlostný / láskavý

böös / fründlich

vzrušený / unudený

fickerig / langwielt

tlstý / chudý

dick / dünn

prvý / posledný

toeerst / toletzt

priateľ / nepriateľ

de Fründ / de Fiend

plný / prázdny

vull / leddig

tvrdý / mäkký

hart / week

ťažký / ľahký

swoor / licht

hlad / smäd

de Smacht / de Döst

chorý / zdravý

krank / gesund

nelegálny / legálny

nich na't Recht / na't Recht

inteligentný / hlúpy

klook / dummerhaftig

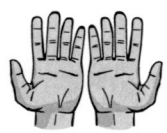

vľavo / vpravo

linkerhand / rechterhand

blízko / ďaleko

neeg / feern

nový / použitý

nieg / bruukt

nič / niečo

nix / wat

starý / mladý

oolt / jung

zapnuté / vypnuté

an / ut

otvorené / zatvorené

apen / slaten

tichý / hlasný

lies / luut

bohatý / chudobný

riek / arm

správne / nesprávne

richtig / verkehrt

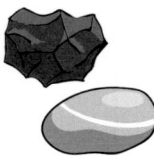

drsný / hladký

ruug / glatt

smutný / šťastný

trurig / glücklich

krátky / dlhý

kort / lang

pomaly / rýchlo

suutje / flink

mokrý / suchý

natt / dröög

teplý / studený

warm / köhl

vojna / mier

de Krieg / de Freden

0

nula

null

1

jeden

een

2

dva

twee

3

tri

dree

4

štyri

veer

5

päť

fief

6

šesť

söss

7

sedem

söven

8

osem

acht

9

deväť

negen

10

desať

teihn

11

jedenásť

ölven

12

dvanásť

twölf

13

trinásť

dörteihn

14

štrnásť

veerteihn

15

pätnásť

föffteihn

16

šestnásť

sössteihn

17

sedemnásť

söventeihn

18

osemnásť

achtteihn

19

devätnásť

negenteihn

20

dvadsať

twintig

100

sto

hunnert

1.000

tisíc

dusend

1.000.000

milión

million

anglictina

dat Engelsch

americká anglictina

dat Amerikaansch Engelsch

mandarínska čínština

dat Chineesch Mandarin

hindčina

dat Hindi

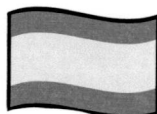

španielčina

dat Spaansch

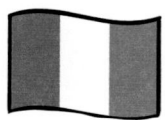

francúzština

dat Franzöösch

arabčina

dat Araabsch

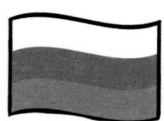

ruština

dat Rusch

portugalčina

dat Portugiesch

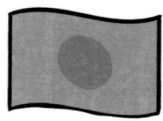

bengálčina

dat Bengaalsch

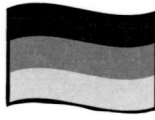

nemčina

dat Düütsch

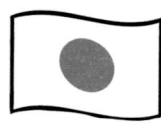

japončina

dat Japaansch

ja
ik

ty
du

on/ona/ono
he / se / dat

my
wi

vy
ji

oni
se

kto?
keen?

čo?
wat?

ako?
woans?

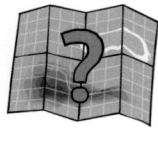

kde?
woneem?

kedy?
wannehr?

meno
de Naam

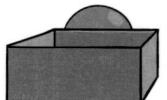

za

achter

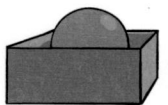

v

in

pred

vör

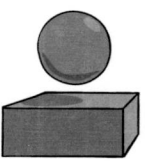

nad

över

na

op

pod

ünner

vedľa

blangen

medzi

twüschen

miesto

de Oort